AF259769

PROJET

PRÉSENTÉ

PAR UN FINANCIER

AU CONSEIL DES CINQ-CENTS,

Pour relever le crédit de la Nation, faire revenir l'aſſignat au pair avec le numéraire, & redonner l'exiſtence à tous les créanciers de la République, diviſé en cinq claſſes.

———————

A PARIS,

DE L'IMPRIMERIE NATIONALE.

Ventôſe, an IV.

Aux Citoyens Représentans

DU CONSEIL DES CINQ-CENTS;

PROJET

Pour rétablir promptement le crédit de la République française, en adoptant les mesures de finance que l'auteur divise en trois parties.

PREMIÈRE PARTIE,

ET RAPPORT SUR LES FINANCES.

CITOYENS REPRÉSENTANS,

Pour vous mettre à même de juger combien il est nécessaire de vous occuper journellement de la situation des finances, c'est que, en lisant l'histoire, on ne trouve pas un exemple où les habitans d'un gouvernement & les créanciers de l'Etat aient été réduits à une position aussi affligeante. Assurément vous n'ignorez pas que la cause de la révolution a été le désordre des finances, & que ce qui cause tous les maux c'est la chûte totale des finances. Cependant il est des moyens de les faire cesser ; & je pense avec la plus grande confiance, que ceux que j'aurai l'honneur de vous présenter seront suffisans pour tirer le gouvernement du précipice où il se trouve, & le faire prospérer.

Je commencerai, citoyens, par vous représenter qu'il y a cinq classes d'individus qui souffrent mortellement de la pénurie des finances ; savoir, les rentiers perpétuels, les rentiers viagers, les propriétaires de maisons, les pensionnaires de la République, les fonctionnaires publics mêmes & les employés, qui ne trouvent pas dans leurs appointemens de quoi faire vivre leurs familles. J'ajouterai qu'il n'y a que des hommes de finance instruits qui peuvent vous aider, dans cette circonstance, pour venir au secours de ces malheureux par leurs opérations ; mais il faut que ce soit de ces hommes qui joignent aux talens l'ambition de sauver leur patrie au lieu de s'occuper de leur fortune. Prenez bien garde au choix que vous ferez, les vrais financiers ne comptent depuis cent ans qu'un seul ministre des finances. Rappelez-vous encore le ministère de Necker : ce banquier a su tromper la confiance du public pendant six ans, & nous a conduits à nos maux. Si cet individu fût mort dans le temps de sa réputation, ce seroit une idole regrettée. Il vous faut absolument un financier à grand caractère, qui aime sa patrie.

Je vais m'expliquer actuellement sur les moyens à mettre en pratique.

Vous savez parfaitement, citoyens représentans, que ce qui cause les maux de la France c'est le discrédit des assignats, & que finalement ils n'ont plus de valeur dans les départemens. Hé bien, citoyens, il n'y a rien de plus aisé que de leur donner la valeur qu'ils ont eue à l'époque de leur émission. Ils ne l'ont perdue que parce que l'on vous a portés à lever le *maximum*. Rappelez-vous cette époque, & examinez attentivement où cela vous a conduits. Pour parvenir à vous faire lever ce *maximum* (qui étoit même imparfait, sur quoi je m'expliquerai), on vous a induits en erreur, en vous disant que l'on ne trouvoit plus de denrées ni de marchandises ; cependant, dans ce temps là, tous les habitans vivoient, les créanciers de l'Etat trouvoient dans la monnoie que vous leur donniez de quoi se nourrir, se vêtir ; & actuellement ils mangent en un jour ce qu'il falloit pour un an à un homme sage, & encore en est-il qui périssent tous les jours de faim. Il est impossible qu'un gouvernement puisse subsister avec un pareil régime.

Il faut donc, absolument, citoyens-représentans, que vous en veniez à des mesures vigoureuses & promptes, & que vous rétablissiez le maximum de 90, mais avec des formes plus bienfaisantes, & qui empêchent de faire varier l'assignat, c'est-à-dire qu'il faut mettre absolument un maximum sur la journée de l'ouvrier. Le gouvernement n'avoit pas osé l'entreprendre, parce qu'il craignoit cette classe : mais, en posant le maximum sur des bases justes, de manière que le journalier trouve dans sa journée de quoi se nourrir, fe vêtir & élever fa famille ; croyez - vous qu'il ne préférera pas ce régime là, à celui actuel ? Par exemple, un journalier à la campagne, qui gagnoit vingt fous en hiver, & deux livres en été, & à qui vous accorderiez par le maximum 30 fous en hiver, & 3 liv. en été : croyez-vous qu'il ne fera pas content, fi vous reportez les objets qui lui étoient néceffaires, au prix où il les trouvoit ? Il en fera de même de autres ouvriers en confultant les maîtres de chaque état, fur le prix qu'ils leur donnoient.

Actuellement, je vous vois très-inquiets pour trouver des denrées, & tout ce qui eft néceffaire pour un gouvernement qui eft en guerre avec plufieurs puiffances. Soyez tranquilles, citoyens, avec des lois fages & une police active, je vous réponds que vous ne manquerez de rien. Il faut premièrement mettre en activité toutes vos manufactures : & ce n'eft pas, quand une monnoie eft difcréditée, qu'elles peuvent travailler. Par votre maximum, vous fatisfaites fur-le-champ vos créanciers, en leur donnant une monnoie dont ils peuvent fe fervir, puifque l'affignat de 100 liv. leur procurera des denrées ou marchandifes, valeur de 90.

Il eft queftion actuellement de diminuer le nombre des affignats, parce que, leur trop grande émiffion porte un préjudice fenfible aux intérêts du gouvernement, & qu'il eft néceffaire que le numéraire marche concurremment avec l'affignat, pour vous procurer les denrées & autres marchandifes de l'intérieur.

Pour y parvenir, il faut décréter une taxe de guerre fur cette monnoie : c'eft la feconde partie que j'ai annoncée dans mon rapport. Vous la défignerez fous le nom de droit de timbre, & elle vous fervira à retirer le quart des affignats en un mois de temps. Voici l'opération.

Tout citoyen poffeffeur d'affignats dans la République françaife, fera tenu de faire timbrer à Paris, dans le cours du mois, les affignats qui feront en fa poffeffion, & de payer pour droit de timbre 25 liv. par 100 liv., & ainfi du refte, de manière qu'à l'égard de celui qui fera porteur de huit mille livres, il fera prélevé deux mille livres ; & il fera porté dans le décret, qu'à l'expiration du mois tous les affignats non timbrés feront nuls, & n'auront plus cours dans le commerce. Il fera en outre arrêté, que le nombre d'affignats retirés, & qui doivent faire partie du quart de ceux qui font en émiffion feront brûlés. Par cette mefure, vous faurez au jufte ce qui vous en reftera ; & par fuite, en continuant de l'adopter, comme taxe de guerre, vous réduirez le nombre de vos affignats à la quantité qui vous fera néceffaire : car, il eft impoffible de vous paffer de papier-monnoie, de bien des années ; & c'eft la raifon qui doit vous engager à lui donner un crédit égal au numéraire, ce que vous obferverez en fuivant cette opération, puifque, en réduifant le nombre des affignats, vous ne les diminuez en rien de leur valeur nominale.

TROISIÈME PARTIE DU RAPPORT.

La troifième opération confifte à établir les impôts indirects fur les confommations, non pas comme dans l'ancien régime, mais d'une manière plus légale & moins à charge aux habitans : fans ces impôts, vous ne réuffirez jamais à faire circuler le numéraire & à le faire entrer au tréfor national. Vous n'ignorez pas certainement que la guerre que l'on vous fait dans tous les départemens eft celle des échanges, de manière que le plus petit propriétaire n'a pas befoin d'argent pour fe procurer ce qui lui eft néceffaire, & qu'il vous prive par cette conduite de ce qui vous éft fi utile pour l'entretien de vos armées : il faut donc , citoyens repréfentans , employer les mefures connues , & qui font mifes en ufage dans tous les gouvernemens , pour vous procurer ce numéraire. L'impôt fur les confommations eft le feul qui puiffe améliorer vos finances , & auquel vous devez avoir recours : toutes les obfervations qu'on vous fera vous feront perdre votre temps & empêcheront de venir au fecours de la République.

CONCLUSIONS.

La première partie de mon rapport fur les finances rétablit le crédit de la nation , comme elle ne l'a jamais éprouvée ;

La feconde fait rentrer une partie de la maffe des affignats , de la manière la plus infenfible ;

Et la troifième vous procurera en numéraire tous les fonds néceffaires au tréfor national , pour fatisfaire vos engagemens.

Examinez attentivement votre pofition actuelle , faites la comparaifon avec celle que vous éprouverez , lorfque vous aurez rendu les décrets que je follicite ; & vous reconnoîtrez aifément fi vous n'êtes pas femblables à des hommes qui paffent de la plus grande maladie à un état de convalefcence. Si vous vous refufez d'adopter les moyens que je vous préfente , je ne puis m'empêcher de vous prédire que votre gouvernement eft totalement perdu , & que vos ennemis triompheront de votre pofition.

Observations.

Je ne dois point vous laisser ignorer, citoyens repréfentans, que j'ai laiffé entrevoir mon projet à des hommes qui
m'ont promis de donner leur voix pour qu'il foit décrété,
& qui m'ont ajouté qu'ils s'entourroient de leurs amis
pour le faire adopter promptement. Je pourrois même
dire qu'il en eft un, en qui vous avez la plus grande
confiance, qui m'a affuré que, fi l'opinion publique fe
prononçoit, il ne négligeroit rien pour l'exécution. Il eft
le premier qui ait lu mon projet, & je m'acquitte envers
lui, en publiant fes louables intentions ; mais je ne dois
pas vous taire que j'ai trouvé de ces hommes, dont je ne
défignerai pas les titres, qui m'ont répondu que tout alloit
bien ; que jamais la France n'avoit été plus riche, le commerce plus floriffant ; qu'il étoit inutile de donner des plans
de finance, & que d'ailleurs on ne pouvoit préfenter que
des rêves fur cette partie, & faire perdre du temps à ceux
qui étoient nommés pour en être les juges. Voilà pofitive-
ment, citoyens repréfentans, comme on éloigne & qu'on
décourage les hommes qui pourroient être utiles ; mais
quand un citoyen connoît bien les caufes & la profondeur
du mal qui afflige tous fes femblables, il ne doit rien confi-
dérer pour les fecourir.

Pour faire revenir les citoyens dont je vous parle, à mon
opinion, je leur ai dit : Puifque vous prétendez que tout
va bien dans la République, donnez-vous la peine de faire
des vifites dans votre maifon ; queftionnez chaque domi-
cilié, & vous verrez s'il eft auffi fatisfait de fa pofition que
vous le prétendez. Ecoutez le médecin, qui dit hautement

que fes malades ne l'envoient plus chercher, & qu'on en devine bien la caufe ; entendez ce vieillard militaire, qui vous dit qu'avec fa penfion il ne peut plus exifter ; & enfin, fi vous perfiftez à être incrédules, defcendez dans toutes les claffes du peuple, & cherchez la vérité, vous ne vous réfuferez pas à adopter mon projet. Je dois dire qu'il en eft que j'ai convertis & amenés à mon opinion ; mais il en eft auffi qui ont cherché à me dégoûter entièrement, en me difant qu'il faudra des armées pour faire venir les denrées. Ce font-là les grands moyens, citoyens-repréfentans, que l'on vous donnera pour arrêter votre fanction ; mais j'efpère qu'elle ne fera que fufpendue jufqu'au moment où je vous prouverai qu'avec des lois fages & une police exacte, tout fera prévu, à la fatisfaction des habitans. Je compte beaucoup, à cet effet, fur le zèle des citoyens qui auront connoiffance de mon projet, pour fe joindre à moi, & qui ont travaillé pour les approvifionnemens de Paris dans le temps du *maximum*, qui étoit imparfait à cette époque ; car, enfin, je ne puis croire que l'on veuille préférer de dépenfer aujourd'hui 1200 liv. pour dîner, au lieu de 3 liv. qu'il en coûtera, dépenfer dans un mois 2000 liv. au lieu de 6 liv., & ainfi de fuite de mois en mois, fans réfléchir que celui qui a trouvé le moyen de faire cette dépenfe, ne peut être qu'un fpéculateur fur les denrées & fur la fortune publique, & par conféquent a trouvé le moyen d'affaffiner fon frère & fon voifin. Il faut donc abfolument oublier cette belle opération de Lafarge, qui affuroit aux vieillards un avenir heureux, & aux enfans un fort femblable ; car, on ne peut fe diffimuler que le gouvernement ne peut plus faire face à la dette publique, fi on ne prend pas le parti d'exécuter les opérations que je préfente. Il eft donc urgent de fortir de cette trifte pofition, & ne pas croire que le propriétaire de terres & le laboureur foient affez barbares pour refufer leurs productions à leurs femblables, lorfqu'ils reconnoîtront que par une loi fage on a prévu à tout ce qui peut les inté-reffer : que d'un autre côté, le laboureur verra la dette publique reprendre confiance, & la penfion du foldat af-furée. Par ce projet, le vaiffeau de la France eft remis à flots : il eft queftion de le faire marcher; & il ne faut pour cela que des hommes vraiment fenfibles à la trifte pofition du gouvernement, & qui fe faffent aider par des citoyens de leur religion. Voilà, citoyens-repréfentans, toutes les réflexions qu'un travail de trente ans dans les finances m'a fuggérées; j'ai encore d'autres plans, & je defire fincèrement que le tout vous foit agréable.

35